Les produits MIRACLE

Bicarbonate · Savon noir
Citron · Vinaigre blanc

Isabelle Louet

massin

SOMMAIRE

LES PRODUITS MIRACLE...

Mise en garde : Nous déclinons toute responsabilité quant aux usages des astuces contenues dans ce livre qui seraient dus à une mauvaise utilisation des produits.

... OU COMMENT FAIRE BRILLER SA MAISON

Bicarbonate de soude, vinaigre blanc, savon noir mais aussi sel, citron, lait... pour faire briller sa maison de mille feux et à petits prix, ces produits du quotidien sont des alliés de choc. Un temps tombés en désuétude, aujourd'hui, ils reviennent en force sur le devant de la scène. Il faut dire qu'ils ont tout pour plaire. Biodégradables, écologiques, non toxiques, ces produits sont bons pour l'environnement. Très économiques (0,40 € le litre de vinaigre blanc), ils font du bien à notre porte-monnaie. Polyvalents, ils nous font gagner de la place dans les placards puisque, le plus souvent, un seul produit cumule les propriétés de plusieurs industriels. Enfin, ils sont faciles à trouver puisque la majorité se trouve sur les rayons des supermarchés, les drogueries et les magasins de bricolage.

Bien les utiliser

Seuls ou combinés, des dépôts de calcaire les plus tenaces aux vitres les plus ternes, ils viennent à bout de toutes les taches tant leurs pouvoirs nettoyants sont multiples. Toutefois, pour obtenir de bons résultats, il faut prendre le temps de découvrir leurs propriétés pour les utiliser correctement. Pas question de prendre du jus de citron concentré en lieu et place d'un vrai citron, de la terre de Sommières sur une tache sèche ou de ne pas respecter le temps de pose du sel pour nettoyer un tapis.

Apprenez aussi, comme un cuisinier, à adapter la recette à vos besoins. Ajustez les doses pour obtenir la bonne quantité, la bonne texture de pâte. Les astuces de grands-mères ne sont pas une science exacte, elles sont le résultat de multiples tests et expériences.

À vous de choisir

Ces produits n'ont pas les mêmes consistances, les même propriétés, ils n'appartiennent pas aux mêmes familles et pourtant, ils ont les mêmes vertus et les mêmes pouvoirs nettoyants. Tous dégraissent, détartrent, font briller, etc. Alors, inutile de les acheter tous, choisissez celui que vous préférez. Le plus facile à utiliser, le plus parfumé, le plus inodore ou, plus simplement, celui stocké dans vos placards. L'avantage ? Vous pouvez changer de produits au gré de vos envies.

De la vigilance avant tout

Tissu, flacon en PVC, dessus de cheminée en marbre, quel que soit l'objet à nettoyer, par prudence, effectuez toujours un test sur un coin caché pour vous assurer qu'il supporte ce traitement. En cas de doute, stoppez et demandez conseil à un spécialiste.

ATTENTION : Si ces produits naturels font des miracles dans nos intérieurs, tous ne sont pas inoffensifs, comme l'essence de térébenthine, l'ammoniaque ou les cristaux de soude. Il faut donc toujours les manier avec précaution, éviter les mélanges et les tenir dans un placard dédié installé en hauteur hors de portée des enfants.

CONSEIL

Du matériel adapté pour un nettoyage réussi

Pour obtenir le plus beau des résultats, équipez-vous des bons outils.

- Des chiffons propres non pelucheux ou en microfibres.
- Une peau de chamois (cela devient rare mais on en trouve encore dans les magasins de bricolage).
- Une éponge de chantier pour les grandes surfaces.
- Une brosse à dents souple. Pour aller dans les interstices, il n'y a pas mieux.
- Un Opinel légèrement usé pour gratter en douceur à la manière de nos grands-pères.
- Une brosse à chiendent (celles en plastique sont moins efficaces, car les poils se courbent rapidement sous la pression) pour frotter sans rayer.
- Du papier journal, mais pas n'importe lequel. Celui d'un quotidien, car le papier glacé des magazines n'est pas approprié.
- Une serpillière propre.
- De la laine d'acier extra-fine pour ôter les fines rayures.
- Des éponges douces pour toutes les surfaces.
- Une raclette pour les vitres.
- Et, bien sûr, un balai, un seau ou une bassine, une pelle, un aspirateur et des gants.

IMPORTANT

La sécurité avant tout

POUR ÉVITER DES ACCIDENTS, PRODUITS NATURELS OU NON, RESPECTEZ LES RÈGLES DE SÉCURITÉ.

- Conservez les produits dans leurs emballages d'origine pour éviter toute confusion. Le bicarbonate peut se confondre avec du sucre glace ou du sel !
- Si vous fabriquez de la lessive ou tout autre produit nettoyant, n'utilisez jamais des bouteilles d'eau, de soda, des boîtes à l'effigie d'un aliment ou d'un bonbon pour les conserver. Ingurgités en grande quantité, ils peuvent devenir toxiques.
- Étiquetez avec soin et lisiblement les produits fabriqués. Listez ses composants. Si quelqu'un l'utilise à votre place, il doit savoir ce qu'il manipule.
- N'essayez pas de gagner du temps en mélangeant des produits. Le résultat serait décevant et, surtout, des réactions chimiques dangereuses (comme des émanations toxiques) pourraient se produire.
- Dangereux ou non, entreposez toujours les produits ménagers hors de portée des enfants, mais aussi des animaux domestiques. L'idéal est de les ranger dans un placard en hauteur.

Pierre d'argile, terre de Sommières, blanc d'Espagne, bicarbonate, savon noir, savon de Marseille, vinaigre blanc... sont les stars du ménage naturel ! Pour récurer et faire briller toute la maison, un seul d'entre eux suffit.

C'est pratique, d'autant qu'ils sont tous très économiques.

1

LES INCONTOURNABLES

BICARBONATE DE SOUDE

Appelé aussi bicarbonate de sodium, c'est le plus connu et le plus utilisé des produits naturels. Alimentation, médicaments, produits ménagers, on en trouve quasiment dans tout, mais les critères de pureté sont différents. Destiné à la fabrication des médicaments, celui que l'on trouve en pharmacie a subi de nombreuses opérations de raffinage. Une pureté qui ne décuple d'aucune manière ses qualités, le rendant très cher et sans grande utilité pour un usage quotidien. Le bicarbonate « technique » se trouve dans les rayons des magasins de bricolage ou sur Internet. Attention, peu raffiné, il est impropre à la consommation. Pas question de s'en servir pour cuisiner ni pour nettoyer des accessoires du quotidien. Pour le nettoyage, pour vos soins de beauté ou vos petits plats, optez pour le bicarbonate alimentaire, polyvalent et sans danger. Comestible, biodégradable, non toxique, sans conservateur, soluble dans l'eau, inodore, antiacide, anticalcaire, abrasif doux, cette fine poudre blanche cumule à elle seule de nombreux avantages.

Le saviez-vous ?

Le bicarbonate provient soit du natron – un minéral qui se forme à la surface des lacs riches en sodium –, soit d'un mélange de craie et de sel puisé dans des gisements d'Afrique ou d'Amérique du Nord (le plus utilisé actuellement), soit d'un laboratoire.

Attention : Ne pas le confondre avec la soude caustique.

À la maison, je m'en sers pour :

Blanchir les joints

Pour redonner toute leur blancheur à vos joints de baignoire, d'évier..., frottez-les avec une brosse à dents souple usagée que vous tremperez régulièrement dans un mélange composé de vinaigre blanc (une tasse à café) et de bicarbonate (deux tasses). Si les joints sont très encrassés, enduisez-les avec une pâte de bicarbonate (deux cuillères à café de bicarbonate pour 5 cl d'eau). Laissez agir une à deux heures, puis rincez à l'eau claire.

Chasser les mauvaises odeurs

Poubelle, cendrier, pour supprimer les mauvaises odeurs, versez une cuillère à café ou à soupe (selon la taille) de bicarbonate dans le récipient, il les absorbera. Dans le réfrigérateur, versez-le dans un ramequin que vous changerez toutes les semaines. Les tissus, les sièges, les tapis ? Saupoudrez-les puis laissez le bicarbonate agir pendant au moins 20 min avant de passer l'aspirateur. Pensez aussi à en disperser, une fois tous les 15 jours, sur la litière du chat. Quant aux canalisations, avant d'aller vous coucher, versez un grand verre de gros sel (il décollera les saletés) et de bicarbonate (il absorbera les odeurs) et laissez agir toute la nuit.

Dégraisser

- **Le four, le micro-ondes ou les grilles du barbecue.** Préparez une pâte avec deux cuillères à café de bicarbonate (environ 30 g) et 5 cl d'eau. Appliquez-la sur les parois ou les grilles et laissez agir toute la nuit. Rincez à l'éponge tiède.

ASTUCE

Testez son efficacité

Pour savoir si votre bicarbonate est encore efficace, versez-en une cuillère à soupe dans un verre d'eau, ajoutez quelques gouttes de citron ou de vinaigre. Une effervescence se produit ? Il a encore toutes ses qualités. Si rien ne se passe, c'est qu'il est temps de le jeter.

- **Les saladiers en plastique et la friteuse.** Saupoudrez abondamment l'intérieur de bicarbonate. Laissez agir au moins 30 min, le temps que le bicarbonate absorbe l'huile. Nettoyez avec une éponge à peine humide, rincez puis lavez avec un produit vaisselle classique.
- **Le sol.** Déposez du bicarbonate sur la tache. Laissez agir jusqu'à absorption. Balayez et rincez.

Désherber

Dans votre jardin, arrosez les mauvaises herbes avec un mélange d'eau et de bicarbonate (60 à 80 g par litre). Puis, pour faire disparaître la mousse, frottez-la avec un balai-brosse trempé dans de l'eau additionnée de bicarbonate (30 g par litre).

Détartrer

- **Les chromes.** Mélangez trois cuillères à café de bicarbonate avec une cuillère d'eau tiède. Posez la pâte obtenue sur les chromes. Laissez agir 5 min, puis frottez délicatement avec une éponge. Rincez à l'eau claire, séchez avec un chiffon non pelucheux.
- **Les machines.** Pour prévenir le tartre dans le lave-linge ou le lave-vaisselle : une fois par mois, versez 150 g de bicarbonate dans la cuve et effectuez un lavage à vide.

• **Le petit électroménager**. Théière, cafetière, bouilloire : tous les 3 mois (selon la dureté de votre eau), faites-y bouillir deux cuillères à café de bicarbonate mélangées à un litre d'eau. Le calcaire se décollera des côtés et du fond par plaques fines. Rincez à l'eau claire, puis recommencez une à deux fois selon l'état d'encrassement.

• **Le fer à repasser**. Détartrez régulièrement votre fer à repasser en versant deux cuillères à café de bicarbonate mélangées à un litre d'eau dans la réserve à vapeur. Quant à la semelle, frottez-la avec une éponge humide et imprégnée de bicarbonate (une cuillère à soupe environ).

Nettoyer

• **Les accessoires de maquillage**. Laissez tremper pinceaux et brosses une nuit dans un mélange d'eau tiède et de bicarbonate (quatre cuillères à soupe pour ½ litre d'eau). Rincez à l'eau claire. Et pour ne pas abîmer les poils, faites-les sécher, tête en haut en les enveloppant chacun dans une compresse de gaze.

• **Les casseroles et autres faitouts brûlés**. Versez dans le plat un mélange composé de deux cuillères à soupe de bicarbonate et d'un verre d'eau. Le fond doit être recouvert sur un centimètre de hauteur. Portez à ébullition pendant 5 à 7 min, laissez refroidir puis frottez avec le dessus non abrasif d'une éponge ou décollez les résidus avec une cuillère en bois.

• **Le réfrigérateur**. Une fois tous les six mois, des parois aux tiroirs, récurez de fond en comble le réfrigérateur et le congélateur avec une éponge humide, imprégnée de deux cuillères à soupe de bicarbonate. N'oubliez pas les joints de porte !

Faire briller l'argenterie

Au quotidien, nettoyez votre argenterie avec une éponge imprégnée de bicarbonate. Pour les interstices et autres recoins, utilisez une brosse à dents souple et usagée (pour éviter de tout rayer). Rincez à l'eau claire. Les couverts de votre grand-mère ont noirci ? Redonnez-leur de l'éclat sans frotter par électrolyse. Au fond de l'évier, d'un plat en céramique ou en verre (mais surtout pas en métal), placez, face brillante vers le haut,

Le saviez-vous ?

Côté beauté, le bicarbonate permet de blanchir les dents, de réduire les pellicules, d'adoucir les mains, etc.

Côté santé, il aide à lutter contre les aphtes, la mauvaise haleine, il facilite la digestion, réduit l'acidité de l'estomac, etc.

Côté cuisine, c'est un allié de choix qui permet d'aérer les pâtes, de conserver la couleur des légumes, d'alléger des plats, etc.

Côté maison, désodorisant, désinfectant, détachant, il sait quasiment tout faire et remplace sans aucune difficulté la plupart des produits ménagers.

une feuille de papier aluminium. Déposez vos couverts dessus en prenant soin de les écarter légèrement les uns des autres, saupoudrez-les avec du bicarbonate (15 g pour un litre d'eau), puis immergez-les dans de l'eau chaude. Par réaction chimique, plus les couverts retrouvent leur couleur, plus le papier d'alu noircit ! Rincez et séchez-les avec un chiffon doux non pelucheux.

ATTENTION : Avant d'entreprendre le grand nettoyage de toute la ménagère de votre grand-mère ou de vos bijoux, faites un test. Car si l'électrolyse ne peut pas endommager l'argenterie, elle peut contribuer à en faire disparaître la patine.

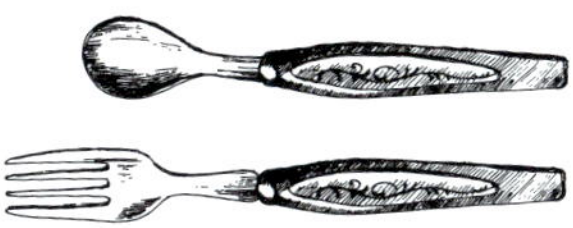

Rendre le linge plus blanc

Versez deux à trois cuillères à soupe de bicarbonate dans le bac à lessive ou directement dans la cuve, lancez votre programme habituel, le tour est joué.

Supprimer les traces de moisissure

La tache est récente ? Humidifiez-la légèrement, puis appliquez une pâte composée de trois cuillères à soupe de bicarbonate et d'une cuillère à soupe d'eau. Frottez avec une brosse à dents en prenant soin d'effectuer des mouvements circulaires. Rincez à l'eau vinaigrée, puis lavez en machine.

ATTENTION : Pour éviter de « cuire » et donc de fixer la tache, enlevez-la avant le passage au lave-linge.

BLANC D'ESPAGNE ET BLANC DE MEUDON

On l'appelle souvent blanc d'Espagne, mais c'est une erreur. La poudre blanche que l'on utilise aujourd'hui pour entretenir les objets est, en réalité, du blanc de Meudon. Une confusion due au fait qu'autrefois, on pouvait aussi acheter du blanc d'Espagne. Mais si les deux avaient la même apparence, leurs compositions étaient différentes puisque le blanc d'Espagne était un blanc d'argile alors que le blanc de Meudon est un blanc de plâtre. Aujourd'hui, le blanc d'Espagne est quasi introuvable donc, pas de panique, on vous donnera du blanc de Meudon même si vous demandez son cousin ! 100 % naturel, issu des carrières de craies du bassin parisien (Meudon), non toxique, biodégradable, le blanc de Meudon est une poudre blanche très fine, faiblement alcaline, un peu abrasive contenant essentiellement des particules de carbonate de calcium.

À la maison, je m'en sers pour :

Faire briller vitres et miroirs

Essuyez-les avec une éponge humide et du blanc de Meudon. Laissez sécher, puis enlevez le tout avec un chiffon non pelucheux.

Nettoyer les cuivres, l'étain, le marbre

Mélangez une ou deux cuillères à soupe de blanc de Meudon avec de l'eau jusqu'à l'obtention d'une pâte. Appliquez sur les supports à nettoyer, puis frottez avec une éponge à peine humide. Laissez agir quelques minutes, puis rincez à l'eau claire. Essuyez avec un chiffon pour faire briller.

Protéger l'argenterie

Pour éviter que vos belles pièces ne s'oxydent dans les placards, recouvrez-les d'une couche fine de blanc de Meudon avant de les ranger. Pour obtenir une pâte consistante, mélangez environ deux cuillères à soupe de blanc de Meudon pour deux cuillères à café d'eau.

PIERRE D'ARGILE

Appelée aussi pierre d'argent, pierre blanche ou patatout, principalement composée d'argile blanche mais aussi de savon, la pierre d'argile ne contient aucun produit chimique. Elle se présente sous la forme d'une pâte compacte et sèche.

À la maison, je m'en sers pour :

- **Multi-usage**
  Légèrement abrasive, on peut s'en servir pour dégraisser, détartrer, laver les vitres, les plaques induction ou vitrocéramique, les métaux (argenterie, chromes, inox, cuivre), rénover les joints de carrelage, etc. Pour l'utiliser, il suffit d'en imbiber une éponge humide en la frottant dans son pot. Frottez jusqu'à ce que la poudre mousse légèrement. Appliquez-la alors sur le support à nettoyer. Frottez en insistant sur les parties encrassées. Laissez sécher, puis rincez à l'eau claire. Lustrez avec un chiffon doux non pelucheux.

SAVON NOIR

Fabriqué à base de potasse, il existe deux variétés de savon noir. L'un est spécialement conçu pour les soins du corps. Communément appelé savon Beldi, de consistance épaisse, sombre ou noir, il est fabriqué avec de la pâte d'olives et de la potasse. Végétal, naturel, hypoallergénique, onctueux, mélangé à l'eau, il mousse peu, mais c'est un excellent exfoliant qui élimine les toxines de la peau pour mieux la réhydrater et la régénérer. L'autre, solide, mou ou liquide, est aussi composé de potasse, mais à la différence du Beldi, on lui a ajouté un corps gras qui peut être de l'huile d'olive, de lin, de noix, de maïs ou même de glycérine. Naturel, écologique, respectueux de l'environnement, c'est un puissant nettoyant, dégraissant, blanchissant, insecticide, etc.

À la maison, je m'en sers pour :

Blanchir l'émail

Frottez vos baignoires, éviers et autres lavabos en émail avec une éponge imbibée de savon noir (un bouchon pour un litre d'eau). Rincez à l'eau claire et séchez. Si les parois sont très noires, ajoutez un peu de bicarbonate de soude.

Dégraisser

• **Friteuse, hotte**. Pour les débarrasser de toutes les taches et projections de graisse, frottez-les avec une éponge imprégnée de savon noir en prenant soin d'effectuer des cercles pour éviter de les étaler. Rincez à l'eau chaude vinaigrée, cela évitera aux amas de graisse de se fixer lors de la prochaine utilisation.

• **Plaques de cuisson**. Nettoyez-les d'un coup d'éponge douce imprégnée de savon noir. Une tache résiste ? Recouvrez-la de savon noir en pâte, laissez agir 5, 10 ou 15 min en fonction de sa taille et grattez doucement avec un grattoir spécial vitrocéramique. Rincez à l'eau claire et terminez par un coup d'éponge imprégnée de vinaigre blanc.

• **Poêles, lèchefrites et autres grilles**. Les taches incrustées et capricieuses ne résisteront pas si vous les récurez avec une brosse à vaisselle à poils durs et une crème à récurer que vous fabriquerez en mélangeant quelques pincées de bicarbonate de soude à du savon noir en pâte. Rincez à l'eau claire.

Désembuer un miroir

Passez de la pâte de savon noir sur la glace avec un chiffon doux non pelucheux, très légèrement humide. Patientez 3-4 min, changez de chiffon et frottez à nouveau votre glace jusqu'à totale disparition du savon. Votre miroir brillera de mille feux. Renouvelez l'opération tous les mois.

Détacher

• **Beurre**. Recouvrez la tache avec une noisette de savon noir en pâte. Laissez agir une quinzaine de minutes (une nuit si la tache est très ancienne). Le gras sera absorbé par le savon noir. Rincez à l'eau claire avant de passer le vêtement à la machine.

• **Café**. Humidifiez légèrement la tache, puis frottez-la avec un peu de savon noir avant de passer le linge en machine.

• **Cirage**. Sauf si le tissu est trop fragile, frottez la tache avec une brosse à dents enduite de savon noir en pâte, puis rincez à l'eau gazeuse. Passez ensuite au lave-linge.
• **Herbe**. Enduisez de savon noir les traînées et les taches, attendez une dizaine de minutes, puis lavez en machine.

Laver le linge

En panne de lessive ? Remplacez-la par trois cuillères à soupe de savon noir liquide à l'huile d'olive ou à l'huile de lin pour 5 kg de linge, puis sélectionnez votre programme habituel: votre linge ressortira frais et sans tache. Pour une lessive de blanc, ajoutez une cuillère de bicarbonate de soude, vous obtiendrez un linge plus blanc que blanc tout en ralentissant l'encrassement au calcaire de la machine.

ATTENTION : En raison de sa couleur foncée, le savon noir à l'huile d'olive peut légèrement teinter votre linge très clair. Par prudence, faites un essai au préalable sur une petite surface.

Nettoyer les métaux

• **L'argenterie**. Plongez vos couverts et autres objets dans une bassine d'eau tiède mélangée avec quatre cuillères à soupe de savon noir liquide. Nettoyez les ciselures avec une brosse à dents souple. Inutile de rincer, mais séchez puis essuyez les objets avec un chiffon doux non pelucheux. Quant aux objets impossibles à immerger, déposez dessus une noix de savon noir en pâte et frottez-les avec une éponge humide. Faites briller avec un chiffon doux.
• **Les bronzes**. Nettoyez-les avec un chiffon non pelucheux imprégné d'eau savonneuse (une cuillère à soupe de savon noir pour un litre d'eau tiède). Inutile de rincer, mais séchez et faites briller.
• **Les cuivres**. Pour leur redonner de la brillance, laissez-les tremper 5 min dans une bassine d'eau tiède additionnée de quatre cuillères à soupe de savon noir liquide ou frottez-les avec une éponge humide non abrasive imprégnée d'une noix de savon noir. Inutile de rincer. Lustrez avec un chiffon doux
• **Protéger le fer forgé**. Pour éviter qu'il ne rouille, nettoyez-le régulièrement avec une éponge imprégnée de savon noir (deux cuillères à soupe par seau d'eau), rincez et surtout séchez pour éviter la rouille.

Raviver

- **Les joints.** Afin d'éviter les soucis d'étanchéité pour cause d'encrassement et de moisissure, frottez-les avec une brosse à dents imbibée de savon noir en pâte sans ajouter d'eau. Essuyez ensuite avec un chiffon en microfibres.

ATTENTION : Si malgré tous vos efforts, les joints restent noirs, c'est qu'ils sont trop attaqués par les moisissures. Trop vieux, il vous faudra alors les changer.

- **Le cuir.** Utilisez un chiffon non pelucheux, légèrement humidifié avec un mélange composé d'une cuillère à soupe de savon noir liquide pour un demi-litre d'eau. Ne frottez et n'appuyez pas trop fort, agissez par tamponnements. Le cuir retrouvera toute sa brillance.

Réduire l'électricité statique

Nettoyer vos surfaces plastiques tout en éliminant l'électricité statique avec une éponge imprégnée d'un mélange composé d'une cuillère à soupe de savon noir, une tasse de vinaigre blanc et deux tasses d'eau chaude. Inutile de rincer. Laissez sécher. Autre avantage, la poussière adhérera moins rapidement.

SAVON DE MARSEILLE

C'est certainement le seul produit ménager à pouvoir se vanter d'avoir eu son mode de production codifié par Louis XIV. En effet, en 1688, le roi en a fixé les règles de fabrication par l'édit de Colbert : cuisson dans de grandes chaudières, utilisation exclusive d'huiles végétales pures, interdiction d'utiliser des graisses animales. Malheureusement, si le roi a légiféré sur le mode de production, rien n'a été prévu pour protéger son nom ou déterminer sa composition. Résultat, les usurpateurs contenant des additifs ou autres adjuvants sont nombreux. Pour obtenir les mêmes résultats que nos grands-mères, il faut veiller à en choisir un « vrai ». Le savon doit porter l'inscription « 72 % d'huile » et le nom de la savonnerie qui le fabrique. On le reconnaît aussi à son odeur si particulière.

À la maison, je m'en sers pour :

Chasser mouches, mites et pucerons

• **Les mouches**. Mélangez une cuillère à soupe de savon râpé avec une cuillère à café de vinaigre de cidre. Versez le tout dans un ramequin que vous changerez chaque semaine.

• **Les mites**. Allez savoir pourquoi, elles n'aiment pas l'odeur qui en émane. Alors sans hésiter, accrochez dans vos armoires et sur vos étagères, des blocs (ou des tranches) de savon de Marseille pour éviter qu'elles ne pondent leurs larves dans vos pulls préférés.

• **Les pucerons**. Mélangez 50 g de savon avec un demi-litre d'eau et une gousse d'ail écrasée. Puis pulvérisez sur vos plantes avec un vaporisateur.

Désembuer les miroirs

Personne n'a pris sa douche ? Pas de vapeur, aucune humidité ? Profitez du moment où la salle de bains est bien sèche pour agir. Frottez le miroir avec un bloc de savon sec. Laissez agir quelques minutes avant d'essuyer avec un chiffon propre et non pelucheux. Le savon laissera une pellicule invisible qui empêchera la buée de se former.

ASTUCE

Détecter une fuite de gaz

Une légère odeur de gaz dans votre cuisine ? Pour vous assurer que le tuyau de la cuisinière n'est pas devenu poreux, mélangez 100 g de copeaux de savon avec un peu d'eau jusqu'à l'obtention d'une pâte quasi gluante. Ajustez la quantité d'eau et de copeaux en fonction. Passez ensuite cette « glue » sur le tuyau avec la main ou une éponge. Si fuite il y a, des bulles se formeront.

Détacher

Frottez directement la tache avec le bloc de savon humide jusqu'à ce qu'une croûte se forme. Laissez sécher une heure. Rincez à l'eau claire.

Éviter les grincements

Portes, fenêtres ou même tiroirs qui grincent ? Frottez les gonds et les glissières avec du savon sec.

ASTUCE

C'est râpé

Pour diluer plus facilement votre savon de Marseille, il vous suffit de le râper avec une râpe de cuisine ou d'en faire des copeaux en le débitant à l'aide d'un couteau.

Laver les carrelages

Pour nettoyer vos sols, versez un demi-verre de savon dans un seau (3 litres d'eau), mélangez et frottez au balai-brosse!
Pour obtenir une note de fraîcheur, vous pouvez ajouter quelques gouttes d'huile essentielle de pin. Inutile de rincer.

Fabriquer de la lessive

Envie de laver votre linge avec une lessive écolo? Portez à ébullition 3 litres d'eau, puis ajoutez 150 g de savon râpé ou en copeaux. Mélangez, c'est prêt. Pour accentuer le pouvoir lavant, vous pouvez ajouter deux cuillères à soupe de bicarbonate de soude et pour donner un brin de fraîcheur, une cuillère à café d'huile essentielle de lavande, d'orange douce ou d'arbre à thé (Attention aux allergies). Versez le tout dans un flacon que vous prendrez soin d'étiqueter pour bien identifier le contenu. Versez un verre à moutarde à chaque lessive.

Protéger les pinceaux

Pour éviter qu'ils ne perdent toute leur souplesse dès leur seconde utilisation, soignez vos pinceaux. Nettoyez-les avec un diluant ou du white-spirit puis plongez leurs poils dans un bol d'eau et de savon de Marseille (trois cuillères à soupe). Laissez sécher à l'air libre en prenant soin de leur redonner leur forme initiale.

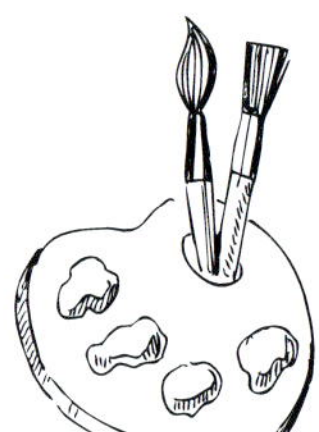

Supprimer les auréoles

Pour faire disparaître ces vilaines auréoles qui marquent vos tee-shirts et chemisiers, frottez-les avec le bloc de savon de Marseille très légèrement humidifié (avec deux ou trois gouttes d'eau) sur l'envers et sur l'endroit.

Laissez ensuite tremper dans de l'eau froide (la chaude fixerait l'auréole). Rincez. S'il reste des traces, recommencez l'opération.

- **Visser ou clouer dans le bois**

Enduisez votre vis ou votre clou de savon de Marseille sec, il s'enfoncera plus facilement dans le bois.

Le saviez-vous ?

Le savon marron/vert, fabriqué à base d'huile d'olive et, selon, de coprah et/ou de palme, est particulièrement recommandé pour les soins du corps. Le savon blanc, fabriqué à partir d'huile de palme (extraite du fruit de palmier à huile), d'huile d'arachide ou d'huile de coprah, est plutôt réservé aux soins du linge et au ménage.

TERRE DE SOMMIÈRES

Vendue en poudre, cette argile 100 % naturelle et écologique, sans danger pour l'homme et l'environnement, est le secret des teinturiers pour venir à bout de toutes les taches de gras. Pour la petite histoire, son nom, lui vient de la ville éponyme dans le Gard. Un paradoxe, car le principal gisement se trouvait alors dans la Vienne, à Montmorillon ! Et si ce dernier est aujourd'hui épuisé, ce minéral a de l'avenir puisqu'on en a détecté sur Mars. En attendant, il est extrait dans les environs de la ville de Fez, au Maroc.

À la maison, je m'en sers pour :

- **Absorber les taches grasses**

Saupoudrez la tache et laissez agir de quelques heures à une nuit (pour les plus tenaces ou les plus anciennes), la terre de Sommières l'absorbera. Passez délicatement l'aspirateur pour la retirer.

Neutraliser les odeurs

De l'urine de chat au vomi du petit dernier, saupoudrez généreusement de terre de Sommières et laissez agir douze heures au minimum. Passez l'aspirateur pour tout enlever.

Désodoriser le linge

Versez une pincée de terre de Sommières dans l'eau de votre fer à repasser.

VINAIGRE BLANC

Blanc d'alcool, de cristal ou ménager, quel que soit son nom, le vinaigre blanc est fabriqué industriellement par acétification d'alcool de betterave ou de maïs. Paradoxe, produit industriellement, le vinaigre blanc est pourtant un produit 100 % naturel et écolo car il se dégrade vite et ne laisse aucune trace dans l'environnement. Incolore, non toxique, à la maison et au jardin, il remplace tous les détergents, dégraissants et autres désherbants chimiques. Seul inconvénient : son odeur. Forte, persistante, elle pique les yeux (sans les irriter) mais, heureusement, s'évapore rapidement.

ATTENTION : Évitez de l'utiliser avec de l'eau de Javel, ce mélange dégage des vapeurs toxiques. Veillez à toujours ouvrir les fenêtres quand vous l'utilisez, surtout si vous le faites chauffer. Son odeur forte peut engendrer des toux et provoquer une irritation des yeux.

À la maison, je m'en sers pour :

Adoucir le linge

Pour obtenir un linge souple et tout doux, versez un demi-verre de vinaigre blanc dans le bac de rinçage. Mais, attention, revers de la médaille, son odeur forte peut tout gâcher. Pour l'atténuer, vous pouvez ajouter quelques gouttes d'huile essentielle à condition de ne pas y être allergique.

Déboucher les canalisations

Versez un mélange composé de 20 cl de vinaigre blanc, 200 g de gros sel et 200 g de bicarbonate de soude dans la canalisation. Laissez agir au moins 30 min, puis rincez avec une bassine d'eau bouillante.

Dégraisser la vaisselle

Mélangez 3 ou 4 cuillères à soupe de vinaigre à l'eau de vaisselle. Autre solution : imprégnez une éponge avec une cuilère à soupe de vinaigre et frottez le plat. Rincez abondamment à l'eau claire.

• **Pour désincruster les taches rebelles au fond des cocottes**, versez-y un demi-verre de vinaigre (le fond doit être recouvert) et portez à ébullition. Les dépôts se décolleront. Si l'odeur vous indispose, vous pouvez utiliser du vinaigre à froid, mais il vous faudra le laisser agir toute la nuit. Lavez, puis rincez soigneusement.

Décoller

Pour supprimer une tache de colle sur un vêtement en coton, un jean ou du lin, tamponnez-la avec un chiffon doux non pelucheux imprégné de quelques gouttes de vinaigre chaud. Rincez en tamponnant avec un chiffon imprégné d'eau claire chaude.

Détartrer

Nettoyez vos chromes, parois de douche et autres supports sensibles au tartre et au calcaire avec une éponge douce imprégnée de vinaigre blanc. Laissez agir quelques minutes puis séchez avec un chiffon non pelucheux. Chaud, le vinaigre blanc est encore plus efficace.

Faire briller les miroirs, les métaux (cuivre, laiton et chromes) et la porcelaine

Passez un chiffon non pelucheux imprégné de vinaigre blanc. Laissez agir quelques minutes avant d'essuyer avec un chiffon doux. Vous pouvez aussi vaporiser le vinaigre après l'avoir versé dans un vaporisateur.

Nettoyer le micro-ondes

Placez dans le micro-ondes un bol rempli avec un verre d'eau et un verre de vinaigre. Portez à ébullition (environ 2 min à 900 w). Laissez agir au moins deux heures sans ouvrir la porte.

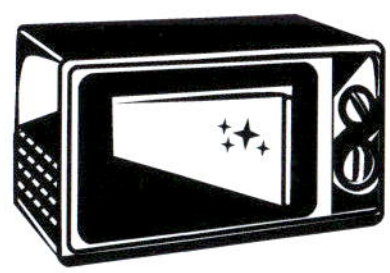

ATTENTION : Lorsqu'ils sont associés, le vinaigre blanc et le bicarbonate provoquent une réaction chimique. Le mélange devient mousseux et gonfle à cause du dioxyde de carbone dégagé. Il n'est pas nocif mais pour éviter toute irritation (nez et yeux), ouvrez les fenêtres ou diluez-le. Le vinaigre blanc ne doit jamais être utilisé sur des surfaces en marbre.

Ces ingrédients, on les déguste, on les savoure, on les utilise pour agrémenter les plats, ignorant souvent qu'ils ont aussi d'autres vertus.

2

DU CÔTÉ DES PLACARDS DE LA CUISINE

CAFÉ

Si les voyantes se servent du marc de café pour lire l'avenir, plus pragmatiques, nos grands-mères lui ont trouvé de multiples usages quotidiens. Récupérez tous vos marcs de café (y compris celui des capsules), versez-les dans un flacon en plastique et stockez-le dans un endroit sec et sombre. Laissez le pot ouvert pour éviter que le marc ne moisisse par condensation et il se conservera quelques semaines sans souci.

À la maison, je m'en sers pour :

Dégraisser les casseroles et cocottes

Frottez les taches très incrustées, celles qui refusent de partir au lave-vaisselle avec une petite poignée de marc et une éponge. Rincez à l'eau claire.

Décrasser les canalisations

Tous les 15 jours, mélangez du marc de café avec un demi-verre d'eau bouillante (jusqu'à obtenir une pâte légèrement liquide). Avant de vous coucher, versez cette mixture dans les canalisations de la salle de bains et de la cuisine. Laissez agir toute la nuit. Rincez au petit matin en laissant couler un peu d'eau claire. Tout en absorbant les odeurs, le marc de café empêchera les résidus de se déposer dans les conduits et évitera à votre évier ou lavabo de se boucher.

Désodoriser

- **Le réfrigérateur.** Pour absorber les odeurs, placez sur une clayette un petit pot rempli de marc. Changez-le tous les quinze jours.
- **Les placards à chaussures.** Versez du marc sec dans un mi-bas en Nylon, nouez-le, le tour est joué. Placez-le dans vos tiroirs ou placards, le marc absorbera les mauvaises odeurs. Pensez à le changer tous les 15 jours/3 semaines.

Le saviez-vous ?

Sec, le marc de café ne transmet pas sa propre odeur.

Jardiner

Riche en phosphate et en oligo-éléments, c'est un bon engrais pour les plantes à condition de ne pas en abuser. Certains cafés peuvent avoir un pH trop acide voire contenir un phyto-inhibiteur (demandez à votre torréfacteur), ce qui gênerait la croissance des plantes. Attention aussi à saupoudrer du marc bien sec, sinon il fera des grumeaux et des moisissures apparaîtront.

Laver les carrelages

Pour les décrasser en profondeur, préparez une pâte légèrement liquide avec quelques cuillères à soupe de marc et de l'eau tiède (à vous de définir la consistance). Frottez les carrelages avec un balai-brosse. Rincez à l'eau claire.

Nettoyer les carafes

Pour enlever tous les dépôts, versez du marc à l'intérieur. Laissez agir entre 15 et 30 min selon l'état de saleté, puis rincez à l'eau vinaigrée.

Polir les éraflures sur un meuble en bois

Préparez une pâte avec une cuillère à café de marc et trois cuillères à soupe d'eau (adaptez la quantité selon la consistance). Déposez-en sur les égratignures. Laissez sécher, puis frottez délicatement avec une éponge douce en prenant soin de faire des mouvements circulaires et de ne pas dépasser. Séchez avec un papier absorbant. Une astuce à utiliser sur les meubles foncés, pas sur le bois clair !

Raviver

• **Un parquet ancien**. Pour effacer les vilaines traces incrustées, frottez-les avec du marc sec et un tampon grattant. Attention à suivre le sens de la latte du parquet et à ne pas dépasser. Passez l'aspirateur, puis cirez le parquet avec de la cire d'abeille. Vous êtes perfectionniste ? Brossez-le pour le faire briller.

• **Un tapis**. Saupoudrez du marc de café humide sur le tapis. Laissez agir 5 à 10 min. Aspirez. Votre tapis retrouvera tout son éclat et ses couleurs. Attention à toujours tester sur une partie cachée.

Repousser les fourmis

Pour les faire déguerpir, déposez du marc de café sur la fourmillière ou, à défaut, sur leur trajet.

ASTUCE

Pour des mains toutes douces

Ses petits grains font du marc de café un exfoliant léger. Pour redonner de la douceur à vos mains, frottez-les avec une belle dose de marc légèrement humide et rincez à l'eau claire. Il fera aussi disparaître toutes les mauvaises odeurs (oignon, peinture, etc.).

▸ Retirer les cendres de la cheminée sans en disperser partout

Humidifiez légèrement du marc, puis saupoudrez-le sur l'ensemble des cendres. Elles s'y colleront et vous pourrez les ramasser sans peine.

CITRON

Il est tout petit, mais il fait le maximum. Allié en beauté, exhausteur de goût en cuisine, il se révèle aussi un as du ménage.

À la maison, je m'en sers pour :

▸ Blanchir

• **L'émail.** Imprégnez une éponge douce avec un jus de citron mélangé avec du sel et frottez vos éviers, lavabos et autres baignoires. Il lui redonnera de la blancheur et du brillant tout en éliminant les taches rebelles du type rouge à lèvres et les traces ou dépôts de calcaire.

• **Le linge.** Glissez un demi-citron coupé en rondelles dans une chaussette, nouez-la et posez-la dans la cuve avec le linge. Vous pouvez aussi ajouter un jus de citron directement dans le bac à lessive.

• **Les cols et les poignets de chemises.** Mélangez un demi-verre de jus de citron, de liquide vaisselle et d'ammoniaque. Tamponnez ce mélange sur les cols et les poignets avec un linge propre, puis frottez avec une brosse à dents. Rincez à l'eau claire ou passez à la machine.

• **Décaper les joints.** Pour éliminer toutes traces noires et autres moisissures sur les joints des carreaux, mélangez dans un petit bol, en quantité égale, un jus de citron et du bicarbonate de soude de manière à obtenir une pâte légèrement consistante. Étalez-la sur les joints des carreaux. Laissez agir quelques minutes, puis frottez avec une brosse à dents. Rincez abondamment à l'eau claire. Antifongique, le citron évite la formation de moisissures.

Le saviez-vous ?

Avant de le presser, faites rouler le citron deux ou trois fois, sur votre plan de travail avec la paume de la main. Il ramollira et sa pulpe rompra plus facilement. S'il est un peu desséché en revanche, immergez-le 3 min dans de l'eau chaude ou 15 s au micro-ondes.

Désinfecter

Une fois par mois, nettoyez les parois de votre réfrigérateur avec une éponge propre imprégnée de citron. Antifongique, le citron éliminera les minuscules champignons qui pourraient s'y développer, tout en leur redonnant de l'éclat.

Détartrer

• **Le petit électroménager**. Pour éviter que les traces de calcaire ne se fixent sur la bouilloire ou tout autre appareil, nettoyez-les avec une éponge imprégnée de jus de citron. Si le calcaire s'est déjà fortement incrusté, nettoyez-les directement avec un demi-citron.

• **La semelle du fer à repasser**. Frottez-la avec une éponge imprégnée d'un mélange composé de la chair d'un citron et de sel. Laissez agir quelques minutes. Rincez à l'eau claire et séchez avec un chiffon non pelucheux.

• **Les chromes**. Pour éliminer toute trace de calcaire, frottez-les soit avec une éponge douce imprégnée de jus de citron soit directement avec un citron coupé. Laissez agir 10 à 15 min. Essuyez avec un chiffon doux non pelucheux.

Éradiquer les mites

Pour éviter que les larves de ces minuscules insectes ne détruisent vos plus beaux pulls, jouez la prévention. À la fin de l'hiver (mars-avril au plus tard), nettoyez les étagères de vos penderies avec une éponge imprégnée d'un mélange composé de trois jus de citrons, d'un quart de litre d'eau et de deux gouttes d'essence d'eucalyptus. Laissez bien sécher avant de ranger vos affaires. Pour finir de les repousser, déposez ensuite des sachets de lavande ou de camphre.

Faire briller les métaux

Frotté directement ou imbibé sur une éponge, le citron redonne éclat et brillance à l'argenterie, aux cuivres, à l'aluminium. Rincez à l'eau claire et séchez avec un chiffon non pelucheux.

Lustrer les cuivres

Pour redonner de la couleur et de la brillance à vos cuivres, frottez-les avec un demi-citron. Laissez agir quelques minutes, puis lustrez avec un chiffon doux non pelucheux. S'ils sont très encrassés, plongez le citron dans un petit bol de sel.

Repousser les fourmis

Quelques zestes, des filets de jus de citron sur leur parcours et les fourmis rebrousseront chemin.

LAIT

Très présent dans l'alimentation, il se révèle aussi utile pour nettoyer la maison.

À la maison, je m'en sers pour :

Assouplir le cuir

Si le lait démaquillant est réputé pour le nettoyer (prenez soin de toujours faire des mouvements circulaires), le lait de vache le nourrira et l'assouplira.

Désodoriser

Du réfrigérateur à l'intérieur des placards, glissez un petit bol de lait tiède, il absorbera les mauvaises odeurs en quelques heures.

Détacher une tache de vin

Faites tremper le tissu taché de vin dans du lait froid. Laissez agir au moins 15 min. À défaut de pouvoir plonger le tissu dans une bassine, tamponnez la tache avec un chiffon propre non pelucheux imprégné de lait froid. Rincez à l'eau claire.

Faire briller l'argenterie

Laissez tremper vos couverts et autres bibelots dans une bassine remplie de lait caillé. Laissez sécher avant de faire briller avec un chiffon doux non pelucheux.

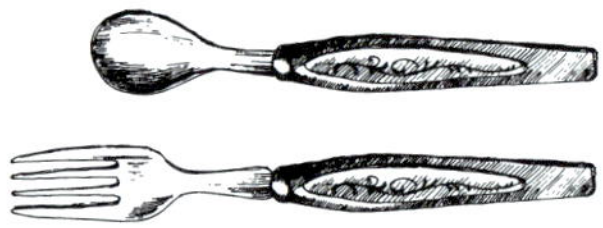

Éradiquer les cafards

Mélangez de l'acide borique et du lait concentré sucré jusqu'à l'obtention d'une pâte assez solide pour confectionner des boulettes (2 cm de diamètre). Placez-les dans les endroits préférés des cafards, à savoir en priorité les recoins obscurs et chauds et les bouches d'aération. En moins de 15 jours, ils disparaîtront car si le lait concentré les attire, l'acide borique les tue. Renouvelez l'opération au moins deux fois par an.

ATTENTION : L'acide borique est toxique ! Protégez-vous les mains et lavez-les soigneusement ensuite. Ne disposez pas de boulettes dans des endroits à portée de main des enfants ou de vos animaux domestiques.

Rigidifier voilages et rideaux

Au fil des mois et des lavages, les rideaux perdent leurs formes et de leur superbe. Pour leur redonner de la rigidité, versez 60 g de lait en poudre dans l'eau de rinçage. Raccrochez-les immédiatement au sortir de la machine. Laissez-les sécher.

LEVURE CHIMIQUE

Pour faire gonfler les gâteaux, il n'y a pas mieux ! Mais, elle sait aussi se rendre utile auprès de notre linge.

À la maison, je m'en sers pour :

Blanchir le linge

Un sachet de levure chimique pour pâtisserie versé directement dans la cuve ou dans le bac à poudre de la machine à laver et votre linge blanc retrouvera sa pureté. Le secret : la levure contient un peu de bicarbonate.

POMME DE TERRE

Avec ses 4 000 variétés, la pomme de terre est un trésor de bienfaits.

À la maison, je m'en sers pour :

Blanchir les voilages

Deux cuillères à soupe de fécule de pomme de terre dans le compartiment « assouplisseur » de votre machine à laver et vos voilages retrouveront leur blancheur.

Décrasser

Pour enlever les traces noires sur les portes ou les interrupteurs, nettoyer un tableau encrassé, une pomme de terre coupée en deux suffit. Opérez par mouvements circulaires, rincez avec une éponge légèrement humide et essuyez avec un chiffon sec.

Détartrer

Pour supprimer le calcaire d'une casserole, faites bouillir de l'eau et des épluchures de pommes de terre à gros bouillons. Rincez à l'eau claire.

Désherber

L'eau de cuisson des pommes de terre encore bouillante est un excellent désherbant. Versez-la sans hésiter sur vos allées de gravillons ou vos dalles de terrasse.

Éradiquer les blattes

Confectionnez une pâte avec 5 pommes de terre cuites à la vapeur épluchées, 5 jaunes d'œufs et 5 sachets d'acide borique. Formez des petites boulettes (2 à 3 cm de diamètre). Dispersez-les dans tous les endroits obscurs et chauds et humides comme les dessous d'évier mais aussi les intérieurs de placards de salles de bains, près des bouches d'aération, derrière les appareils électroménagers, etc. Renouvelez l'opération au moins deux fois par an.

ATTENTION: L'acide borique est toxique! Protégez-vous les mains et lavez-les soigneusement ensuite. Ne disposez pas de boulettes dans des endroits à portée de main des enfants ou de vos animaux domestiques.

Faire briller

- **Le cristal**. Pour leur redonner toute leur brillance, faites tremper vos verres, vases et autres objets dans une bassine d'eau tiède dans laquelle vous jetterez des pelures de pommes de terre. Laissez agir. Remuez l'eau de temps en temps pour faire circuler l'amidon qui s'échappe des pelures. Rincez à l'eau claire et séchez.
- **Les miroirs**. Frottez votre miroir avec une pomme de terre coupée en deux, puis passez un chiffon non pelucheux imprégné de vinaigre blanc. Finissez avec un chiffon propre pour faire briller.
- **Les carrelages**. Lessivez-les avec l'eau de cuisson de vos pommes de terre. Laissez agir 10 à 15 min avant de rincer à l'eau claire avec une serpillière propre.

Lessiver un mur

Pour enlever des taches sur un mur, frottez-les doucement avec une pomme de terre coupée. Rincez avec une éponge légèrement humidifiée à l'eau claire.

Lisser les joints

Posez le joint puis, pour réussir à le lisser parfaitement, passez un quart de pomme de terre épluchée.

SEL

Utilisé en feng-shui pour purifier la maison, c'est aussi un véritable « monsieur propre » car ses petits grains en font un exfoliant efficace.

À la maison, je m'en sers pour :

Dégraisser le four, les plaques de cuisson ou les poêles

Le rôti du dimanche va encore salir votre four ? Pas de panique. Juste après la cuisson, saupoudrez de sel fin les parois du four, et profitez sereinement de votre déjeuner en famille. Quand le four aura refroidi, il vous suffira alors de passer un coup d'éponge pour le retrouver comme neuf !

Cette technique astucieuse, qui fonctionne aussi très bien avec une poêle ou une plaque de cuisson, permet également d'éliminer les mauvaises odeurs !

Déjaunir l'osier

- **Meubles, paniers ou autres objets de déco.** Frottez-les avec une brosse à poils durs que vous tremperez préalablement dans une bassine d'eau chaude salée (une poignée de gros sel pour un litre). Laissez sécher.

Désherber

Le sel est aussi un puissant désherbant pour supprimer mousse et mauvaises herbes entre les pavés, mais, attention, à ne pas trop en utiliser sous peine de stériliser le sol !

Désodoriser

- **Les chaussures.** Le sel étant un ennemi des mauvaises odeurs, saupoudrez-en l'intérieur de vos chaussures pour anéantir celles laissées par l'humidité et la transpiration.
- **Les récipients.** Pour supprimer les vilaines odeurs de vos flacons, versez dedans une cuillère à soupe de sel. Laissez agir quelques minutes. Lavez avec votre produit vaisselle habituel, puis rincez à l'eau claire.

Détacher

- **Le bois**. Des auréoles ont marqué votre table en bois ? Frottez-la doucement avec une pâte composée de sel fin et d'eau (une cuillère à café pour quelques gouttes d'eau) à l'aide d'un chiffon non pelucheux. Procédez par mouvements circulaires et faites attention à ne pas déborder.
- **Le sang**. Votre petit top en coton, lin ou fibres naturelles a pris une tache de sang ? Trempez-le dans une bassine d'eau froide fortement concentrée en sel. Passez ensuite en machine avec votre poudre habituelle.
- **La sueur**. Pour supprimer ces vilaines auréoles sous les bras qui gâchent vos plus beaux atours, frottez-les avec une éponge douce imprégnée d'une mélange composé de 4 cuillères à soupe de sel pour un litre d'eau chaude. Rincez à l'eau claire.
- **Et le vin** ? Fixateur de couleurs, même s'il absorbe le vin, le sel risque de laisser des traces difficiles à faire disparaître. Préférez la méthode « eau gazeuse ». Tamponnez immédiatement de l'eau gazeuse sur la tache de vin et laissez agir avant de passer le tissu à la machine. Le mieux est de faire tremper le tissu dans une bassine d'eau gazeuse.

Détartrer

Le sel est un redoutable anticalcaire. Pour redonner à votre émail et à votre robinetterie tout leur éclat, frottez-les avec deux pincées de sel fin et une éponge douce.

Faire briller les cuivres

Appliquez avec une éponge un mélange de vinaigre blanc et de sel (en quantité égale) sur vos objets. Laissez agir au moins 15 min.

Fixer la teinture

Votre petite robe rose déteint ? Faites-la tremper dans du gros sel, c'est le meilleur (et le plus économique) des fixateurs.

Le saviez-vous ?

En feng-shui, le sel annihile les mauvaises vibrations et purifie l'espace. Avant d'emménager dans un nouvel appartement ou maison, parsemez le sol de gros sel, laissez agir une nuit avant de balayer. Une fois par an, chassez les mauvaises ondes de votre maison. Agissez pièce par pièce. Choisissez un verre à eau classique sans pied (vous le jetterez à la fin). Remplissez-le à moitié de gros sel, puis complétez avec de l'eau (arrêtez-vous à un centimètre du haut). Placez-le sur une assiette creuse car, au bout d'un certain temps, le mélange débordera. Placez un verre dans toutes les pièces de la maison. Dans les chambres, mettez-en un sous chaque lit. Au bout d'un mois au plus tard, vous constaterez qu'une cristallisation s'est effectuée au sommet du verre. Jetez tout - y compris le verre, puis recommencez l'opération jusqu'à ce que toute cristallisation disparaisse. Sur ces nouvelles opérations, jetez la cristallisation dans la poubelle mais gardez le verre. Veillez juste à le rincer à chaque renouvellement.

Nettoyer les canalisations

Pour éviter que les graisses ne s'accumulent dans les canalisations et provoquent de mauvaises odeurs, tous les mois, un soir avant d'aller vous coucher, versez dans les canalisations de l'évier, du lavabo et autres éviers, du vinaigre blanc et du sel mélangés en quantité égale. Laissez agir toute la nuit avant de refaire couler de l'eau.

Ralentir la combustion des bougies

Placez quelques cristaux de sel à la base de la mèche d'une bougie, vous en ralentirez la combustion.

Repousser les fourmis

Passez une éponge mouillée et imbibée de sel sur les cadres de fenêtres, de portes mais aussi sur leur passage, elles s'en retourneront d'où elles viennent.

Écolos avant l'heure, nos grands-mères savaient tirer parti de tous les objets du quotidien. Leur credo d'alors : rien ne se perd, tout est bon.

3

LES INATTENDUS

BOUCHON EN LIÈGE

S'il est réputé pour conserver le vin et lui permettre de bien vieillir, dans la maison, c'est un accessoire très utile.

À la maison, je m'en sers pour :

▸ Conserver les fruits

Placés dans la corbeille, ils absorberont l'humidité et vous permettront de mieux conserver les fruits. Autre avantage, fendus en deux, ils feront fuir les moucherons.

▸ Désodoriser

Pour supprimer les mauvaises odeurs qui émanent de votre réfrigérateur, commencez par vider les plats et les aliments qui en sont responsables. Puis disposez trois ou quatre bouchons en liège dans différents coins, ils absorberont les mauvaises odeurs.

▸ Estomper les auréoles

Pour enlever les traces d'eau ou une tache de vin sur un meuble en bois ciré, frottez-les avec un bouchon en liège.
Si le bois est très sombre, brûlez légèrement le bouchon avant de frotter. Cirez ensuite le bois.

CENDRES DE BOIS

Riches en sels minéraux (calcium, magnésium, potasse, silice), nos grands-mères utilisaient les cendres de bois pour le ménage mais également pour fabriquer du savon et de la lessive.

ATTENTION : Oubliez les cendres de charbon, celles des bois peints ou traités. Pour être efficaces, les cendres doivent provenir de bois secs non traités.
Avant de les utiliser, passez-les au tamis afin de ne conserver qu'une fine poudre et de supprimer tous les débris et les résidus. En effet, ces derniers pourraient rayer ou abîmer vos objets.

À la maison, je m'en sers pour :

Dégraisser

Voilà une recette particulièrement adaptée pour les plats, cocottes et autres faitouts aux dépôts particulièrement incrustés. Préparez votre propre pâte à récurer avec une poignée de cendres tamisées mélangée à un demi-verre d'eau (adaptez

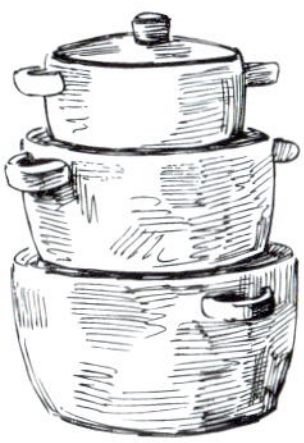

la quantité en fonction de la consistance de la pâte), déposez-en une noix sur une éponge (soyez vigilante avec les grattoirs qui peuvent rayer), frottez puis rincez.

Faire briller

• **L'argenterie et les cuivres.** Un chiffon ou une éponge légèrement humide préalablement trempé(e) dans un bol de cendres bien sèches et c'est parti. Frottez délicatement vos objets. Plus que jamais, vérifiez que vos cendres sont belles ! À savoir, fines, douces et sans morceaux qui pourraient provoquer des rayures. Rincez à l'eau claire et essuyez avec un chiffon doux non pelucheux.

• **Les vitres.** Utilisez la même pâte que pour l'argenterie et les cuivres mais remplacez l'éponge par du papier journal légèrement humidifié (il ne doit pas partir en lam-

Bon à savoir !

Si elles sont dégraissantes, les cendres ne sont pas antibactériennes. Alors, évitez de les utiliser trop souvent, au quotidien. Réservez cette recette aux taches qui font de la résistance.

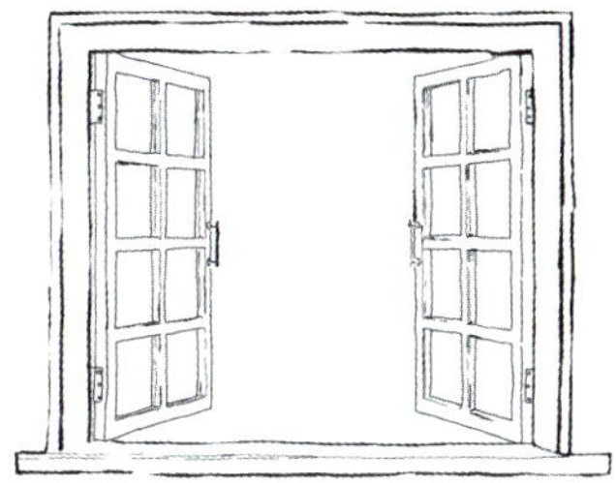

beaux). Qui dit papier journal, dit *Le Figaro*, *Libération* ou *le Monde* et non *Marie Claire* ou *Avantages*, le papier glacé n'a pas les mêmes vertus que le papier journal. Il s'humidifie moins bien et les encres sont moins efficaces. Des fenêtres à la vitre de l'insert, pour éliminer les traces, c'est parfait car la cendre agit comme un abrasif.

Fabriquer la lessive

Le secret des cendres en lessive : la potasse qu'elles contiennent. C'est ce minéral qui lave. Pour obtenir un flacon de lessive maison, mélangez un verre de cendres tamisées et filtrées de toute impureté avec environ 1,5 litre d'eau chaude. Laissez décanter 24 heures en mélangeant de temps à autre. Filtrez alors le mélange avec un tamis recouvert d'un torchon (pour éviter le passage de minuscules particules). Versez dans un flacon que vous n'oublierez pas d'étiqueter. Ce mélange se conserve environ deux mois. Et pour la lessive, il suffit de verser un verre pour 5 kg de linge.

DENTIFRICE

Légèrement abrasif, le dentifrice ne se contente pas de nettoyer et de rendre les dents blanches, il est impeccable pour entretenir la maison. Pour transformer votre dentifrice en produit d'entretien, choisissez la plus simple des pâtes. Oubliez les parfumés, les riches en fluor et autres minéraux. Et à défaut, fabriquez votre propre pâte.

À la maison, je m'en sers pour :

Détacher

Rouge à lèvres, rouille, crasse, chocolat, le dentifrice est redoutable pour venir à bout des taches sur un tissu. Frottez avec une brosse à dents légèrement humide et une noix de dentifrice en prenant soin d'effectuer des mouvements circulaires pour éviter de l'étaler. Rincez à l'eau claire ou passez à la machine.

ASTUCE

Recette maison

Pour obtenir une pâte à dentifrice, il suffit de mélanger une cuillère à soupe d'argile blanche, deux cuillères à café de bicarbonate de soude, un quart de cuillère à café de sel fin à un demi-verre d'eau bouillie. Une pâte à conserver une dizaine de jours dans un pot stérilisé. Sinon à défaut de la fabriquer vous-même, pour la maison, optez pour une pâte traditionnelle, sans colorant.

Détartrer

C'est l'ennemi du calcaire mais l'allié des verres ternis, des chromes, des carreaux car il nettoie sans aucune agressivité.

• **Les traces sur les verres.** Pour supprimer les traînées sur les verres, diluez du dentifrice dans de l'eau tiède, laissez-les tremper puis frottez-les avec une éponge douce jusqu'à disparition des traces. Rincez. Vos verres retrouveront tout leur éclat.

• **Redonnez de la brillance à vos robinets** en chrome en les recouvrant de pâte à dentifrice, laissez agir quelques minutes, puis rincez avec une éponge humide. Essuyez avec un chiffon non pelucheux.

Nettoyer

• **L'argenterie, l'or et les cuivres.** Pour éviter que vos bijoux en argent ne noircissent et s'oxydent, frottez-les doucement avec une brosse à dents usagée souple sur laquelle vous aurez déposé une noisette de dentifrice. Rincez à l'eau claire puis séchez en les laissant tremper dans de l'alcool à brûler ou en les essuyant avec un chiffon doux. Une recette aussi efficace pour faire disparaître les traces de rouille sur les chromes.

• **L'émail de la baignoire, de l'évier, du lavabo ou des WC.** Mettez une noix de dentifrice sur une éponge légèrement humide et frottez en insistant sur les traces les plus noires. Laissez sécher quelques minutes puis rincez à l'eau claire. Pour faire briller, passez un coup de chiffon non pelucheux.

• **La moisissure.** Mélangez deux noix de dentifrice avec un sachet de levure chimique ou du bicarbonate de soude. Cette pâte se révèle efficace pour éradiquer les taches de moisissures sur tous les supports. Frottez, rincez à l'eau claire et séchez.

• **La semelle du fer à repasser.** Pour venir à bout des taches noires et lui redonner tout son glissant, étalez-en une noix sur la semelle froide avec un chiffon sec non pelucheux tout en frottant. Insistez sur les parties les plus encrassées. Laissez sécher puis retirez le surplus avec un chiffon propre. Recommencez si nécessaire.

• **Les auréoles sur le bois.** Vos bouteilles et vos verres ont laissé des traces sur la table en bois ? Pour les faire disparaître, effectuez des mouvements circulaires de l'extérieur vers l'intérieur avec une éponge sèche douce (pas de grattoir) et une noix de dentifrice. Essuyez ensuite avec un chiffon légèrement humide, laissez sécher. Cirez si nécessaire.

• **Les joints du réfrigérateur et congélateur.** Une fois par mois, nettoyez-les avec une éponge humide et une noix de dentifrice.

• **Les traces de crayon sur un mur.** Frottez doucement avec une petite brosse à poils souples, un chiffon ou une brosse à dents recouverte de dentifrice en prenant soin, comme toujours, d'effectuer des mouvements circulaires et en prenant garde de ne pas trop déborder. Laissez agir quelques minutes avant de rincer avec une éponge légèrement humide puis de sécher en tapotant avec un chiffon non pelucheux.

Prévenir la buée

• **Sur les miroirs.** Frottez-les avec une éponge douce et sèche (ou un chiffon non pelucheux) et une noix de dentifrice. Laissez sécher 3 min. Ne rincez pas ! Préférez passer avec un chiffon propre. Pour éviter toute trace, effectuez des mouvements circulaires de l'intérieur vers l'extérieur.

• **Sur des lunettes de piscine ou des masques de plongée.** Avant de vous rendre à la piscine, étalez-en une noisette sur l'intérieur et l'extérieur avec le doigt. Laissez sécher avant de retirer le surplus avec un chiffon sec non pelucheux.

Reboucher des trous

Un petit trou disgracieux dans le mur ? Bouchez-le avec de la pâte à dentifrice blanche. Laissez sécher, puis peignez si besoin.

Rénover les chaussures

• **Les semelles de vos baskets.** Elles retrouveront toute leur blancheur si vous les brossez avec une brosse à dents et une noisette de dentifrice. Laissez agir 5 à 10 min avant de rincer avec un chiffon légèrement humide.

• **Vos chaussures en cuir sont rayées ?** Pour estomper les éraflures, frottez la partie abîmée avec une noisette de dentifrice et une éponge douce et sèche. Laissez sécher quelques minutes puis retirez l'excédent avec une éponge légèrement humide. Séchez avec un chiffon doux.

Supprimer des rayures

Une fine et légère rayure sur votre écran de Smartphone ? Pour la faire disparaître, étalez une couche de pâte dessus sans trop déborder, frottez délicatement. Les petites billes abrasives du dentifrice poliront la vitre. Retirez le tout avec un chiffon doux. Attention à ne pas en mettre sur les micros et haut-parleurs pour ne pas les encrasser.

PIERRE PONCE

Roche volcanique très poreuse, légère de par sa faible densité (elle flotte), la pierre ponce a plus d'un tour dans son sac grâce à ses propriétés abrasives. Très en vogue dans les années 1970, elle est tombée depuis en désuétude mais tend à revenir sur le devant de la scène. À la maison, elle sert de poudre à récurer et de poudre à couteaux pour polir leur lame. On l'utilise aussi en beauté, pour éliminer les peaux mortes.

À la maison, je m'en sers pour :

Détacher

• **Le marbre.** Pierre poreuse et tendre, le marbre craint toutes les taches, même celles d'eau. Pour faire disparaître la plupart des taches, appliquez une pâte composée de deux tiers de poudre de pierre ponce et d'un tiers de bicarbonate de soude. Laissez sécher, puis rincez soigneusement à l'eau et au savon noir. Pour lui redonner du brillant, passez un peu d'huile de lin et frottez avec un chiffon doux.

• **Les taches d'encre et le cambouis.** Mélangez une cuillère à soupe de savon noir en pâte avec une cuillère à café de poudre de pierre ponce. Frottez délicatement la tache en effectuant des mouvements circulaires. Laissez agir quelques minutes avant de rincer à l'eau claire.

Éliminer les peluches

Pour venir à bout des bouloches et autres peluches, frottez doucement les vêtements avec une pierre ponce.

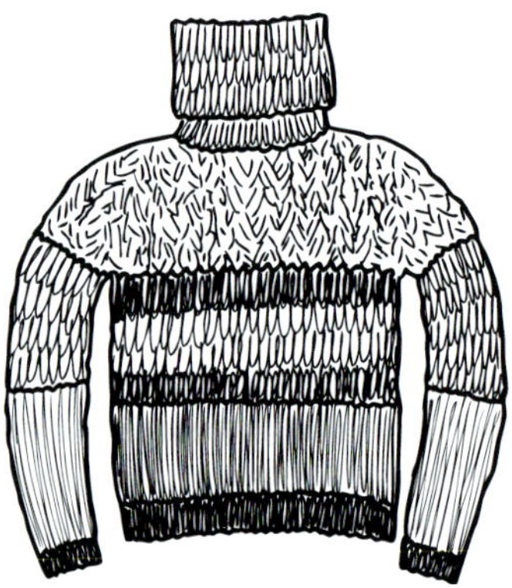

TALC

On trouve deux sortes de talc sur le marché. Un minéral, essentiellement composé de silicium de magnésium, et un « synthétique » fabriqué par l'homme. Non nocifs, les deux sont des armes redoutables pour supprimer les taches grasses, faire briller la maison et aussi pour éviter que la peau ne se dessèche.

ATTENTION : Il est déconseillé de l'utiliser directement sur la peau des bébés, car il peut être source d'irritation.

À la maison, je m'en sers pour :

Détacher

Une tache de graisse sur une chemise, un teeshirt ou une robe en coton ? Saupoudrez-la sans attendre avec du talc. Laissez-le l'absorber, puis frottez délicatement avec une brosse souple en veillant à faire des mouvements circulaires pour éviter de l'étaler.

• **Si la tache est plus ancienne,** saupoudrez-la de talc, recouvrez-la avec de l'essuie-tout, puis repassez avec un fer chaud.

Faciliter l'ouverture des fenêtres

• **Une fenêtre qui force au moindre signe d'humidité ?** Versez un peu de talc dans les rainures, elle retrouvera toute sa souplesse.

Rafraîchir une fourrure

Laissez agir toute une nuit le talc que vous aurez saupoudré sur votre fourrure. Secouez le tout le lendemain pour le faire tomber. Attention, frottez la fourrure toujours dans le sens du poil afin d'éviter de donner un mauvais pli.

Stopper les grincements ou les craquements d'un parquet

• **Un parquet qui craque ?** Saupoudrez de talc les parties qui couinent, puis passez le balai.

• **Ça craque au niveau des jointures ?** Insérez-y une pâte composée de talc et d'eau.

ASTUCE

Glisse et antiglisse

Étonnant, le talc peut faire une chose et son contraire ! Ainsi, si vous dispersez un peu de talc sur le parquet sous un tapis, ce dernier ne glissera plus. En revanche, si vos cartes de tarot se collent les unes aux autres, il suffit de les frotter avec un peu de talc pour qu'elles retrouvent leur glisse d'origine.

Peu connus, même s'ils ne sont
pas tous écologiques et naturels,
ils participent à faire briller la maison.

4

LES OUBLIÉS

ALCOOL À 70 °

Antiseptique vendu en pharmacie, non nocif, l'alcool à 70 ° est aussi très efficace dans le ménage.

À la maison, je m'en sers pour :

- **Détacher les taches d'encre, de résine, de vernis**

  Il suffit de frotter les surfaces avec un chiffon non pelucheux imprégné d'alcool en prenant soin de faire des mouvements circulaires pour éviter de déborder, de laisser sécher puis de rincer à l'eau claire.

ATTENTION : Inflammable, il ne doit donc pas être manipulé près d'une source de chaleur ou vaporisé.

ALCOOL À BRÛLER

C'est un mélange d'éthanol dénaturé et de méthanol.

À la maison, je m'en sers pour :

- **Nettoyer les vitres**

  Essuyez-les avec un chiffon non pelucheux légèrement imprégné d'alcool à brûler, laissez sécher 2-3 min, puis faites briller avec un autre chiffon non pelucheux.

- **Détacher le vinyle, l'acrylique et différentes colles synthétiques**

  Tamponnez délicatement avec un chiffon imprégné, puis rincez à l'eau froide.

ATTENTION : L'alcool à brûler est toxique, inflammable et volatile, utilisez-le avec précaution, dans une pièce aérée.

• Conservez-le hors de portée des enfants et des animaux domestiques.

• Ne l'entreposez et ne l'utilisez jamais à proximité d'une flamme.

ALCOOL MÉNAGER

C'est de l'alcool à brûler qui a été dénaturé afin que son odeur soit moins forte. Il n'est pas nocif pour l'environnement.

À la maison, je m'en sers pour :

- **Faire briller l'inox, les chromes et les vitres**
  Passez un chiffon non pelucheux légèrement imprégné d'alcool ménager, laissez sécher 2-3 min, puis frottez avec un autre chiffon pour faire briller.

- **Nettoyer le carrelage**
  Trois cuillères à soupe dans un seau d'eau tiède suffiront à le rendre plus propre qu'un sou neuf.

ATTENTION : inflammable, il faut éviter de le vaporiser ou de l'utiliser près d'une source de chaleur.

AMMONIAQUE

C'est une solution aqueuse composée à 27-30 % d'ammoniac, peu écolo et surtout toxique. Nos grands-mères utilisaient beaucoup l'ammoniaque, mais elles la diluaient (½ verre d'ammoniaque pour 3 verres d'eau). Toujours. C'est pourquoi, on parle d'« ***eau ammoniaquée*** **». Attention à ne pas l'utiliser sur du lino, du ciment ou du béton.**

À la maison, je m'en sers pour :

- **Détacher**
  Pour venir à bout des taches (sang, vin, transpiration, etc.) sur la plupart des supports (tissu, papier peint, électroménager), elle n'a pas son pareil.

Tamponnez les taches avec un chiffon non pelucheux imprégné d'eau ammoniaquée en prenant soin de faire des mouvements circulaires pour éviter de déborder. Laissez sécher, puis rincez à l'eau claire.

Nettoyer le four

Attention à bien laisser le four éteint. Le mieux est de le débrancher. Déposez un torchon imbibé d'eau ammoniaquée à l'intérieur du four. Laissez-le agir une nuit. Rincez les parois avec une éponge humide et un peu de liquide vaisselle.

ATTENTION : Maniez l'ammoniaque avec précaution et avec des gants, tenez-le hors de portée des enfants et des animaux domestiques et évitez de respirer son odeur irritante.

CRISTAUX DE SOUDE

Synthétisés à partir de sel marin et de craie, les cristaux de soude (ou de sodium) se présentent sous la forme de petits granulés blancs sans odeur. Biodégradables, sans danger pour l'environnement tout comme le bicarbonate auquel ils s'apparentent, plus corrosifs, ils peuvent parfois être irritants pour la peau. Protégez-vous les yeux (portez des lunettes de protection) et les mains (mettez des gants) avant d'agir.

À la maison, je m'en sers pour :

Déboucher un évier

Versez un demi-verre de cristaux de soude dans la canalisation, puis deux à trois verres d'eau chaude.

Dégraisser une friteuse

Versez quelques cristaux de soude dans la cuve. Ajoutez de l'eau bouillante et une cuillère à soupe de vinaigre blanc. Attention à la réaction qui va se produire. Laissez agir. Rincez et séchez.

Désincruster les casseroles

Saupoudrez de cristaux de soude le fond de la casserole puis recouvrez le tout d'eau bouillante. Laissez agir 2 à 3 heures. Videz, puis rincez à l'eau claire.

Faire briller les verres

Plongez verres ou assiettes encrassés par le calcaire dans une bassine remplie d'eau chaude additionnée de 50 à 100 g de cristaux de soude. Rincez à l'eau claire et séchez avec un torchon propre.

ATTENTION : à ne pas confondre les cristaux de soude avec la soude caustique qui est toxique et dangereuse.

ESSENCE DE TÉRÉBENTHINE

Obtenue par distillation de résines de différents arbres dont le pin maritime, le sapin (épicéa) ou le pistachier térébinthe (d'où elle tire son nom), l'essence de térébenthine est un solvant très efficace pour diluer les peintures, détacher, venir à bout des taches de matières grasses et des cires, mais elle est toxique, non soluble dans l'eau, irritante pour la peau et les yeux, et est inflammable. Aussi faut-il l'utiliser avec précaution, loin de toute source de chaleur, dans une pièce bien aérée, mettre des gants, éviter de l'inhaler et la conserver hors de portée des enfants et des animaux domestiques.

À la maison, je m'en sers pour :

Éliminer les puces de parquet

Frottez le parquet avec de la térébenthine légèrement diluée avec un peu de cire. En pénétrant dans le bois, l'essence tue les puces et leurs œufs.

ASTUCE

Périmée ou pas ?

Versez une goutte d'essence de térébenthine sur un chiffon en coton ou du papier fin. Laissez sécher. S'il reste une auréole, cela signifie que votre produit est passé. S'il ne reste rien, alors votre essence a conservé toute son efficacité.

- **Faire briller une baignoire**

Mouillez à l'eau chaude les parois de la baignoire avec le pommeau, puis passez un chiffon non pelucheux imprégné de térébenthine. Laissez agir 1 ou 2 min, puis rincez sans frotter à l'eau claire.

- **Entretenir des meubles en bois**

Pour le bois verni, passez un chiffon imbibé d'alcool et d'essence de térébenthine en quantité égale. Laissez sécher.
Pour le bois peint, passez un chiffon non pelucheux imprégné d'essence de térébenthine. Laissez sécher, puis cirez le meuble.

GLYCÉRINE

Alcool épais, visqueux, inodore et transparent, non toxique, la glycérine (ou glycérol) est essentiellement connue parce qu'elle est très utilisée dans les produits de beauté et depuis peu dans les liquides de cigarettes électroniques. On la trouve en pharmacie ou dans les rayons beauté des supermarchés.

À la maison, je m'en sers pour :

- **Nettoyer et faire briller les miroirs, robinetterie, etc.**

Essuyez-les avec un chiffon imprégné de glycérine. Laissez sécher. Puis faites briller.

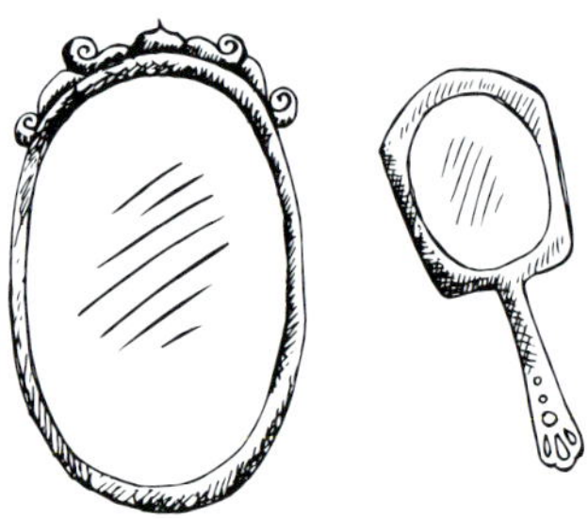

PERCARBONATE DE SODIUM

Cette poudre blanche granulée, surnommée « eau oxygénée solide » est composée par un mélange de carbonate de soude (qui compose lui-même les cristaux de soude) et d'eau oxygénée (appelée aussi peroxyde d'hydrogène). Oxydant puissant, antibactérien, désinfectant, non toxique, actif dès 30 °, il est dissous dans l'eau, pour bénéficier de ses vertus. Il faut respecter les consignes d'utilisation.

À la maison, je m'en sers pour :

- **Blanchir le linge**
  Versez une cuillère à soupe de percarbonate pour 4 kg de linge.

- **Supprimer les moisissures**
  Frottez les joints avec une brosse à dents et un peu de percarbonate directement sur les moisissures.

Le saviez-vous ?

Excellent blanchissant, le percarbonate de potassium est aussi un très bon détacheur. Pour éliminer une tache et désodoriser les tapis et la moquette, préparez une solution avec deux ou trois cuillères à soupe de percarbonate de sodium dans 1 litre d'eau chaude. Appliquez cette solution et laissez agir 5 à 10 min. Rincez abondamment avec de l'eau et épongez avec un chiffon. Testez toujours dans un endroit discret avant de vous lancer pour éviter les mauvaises surprises.

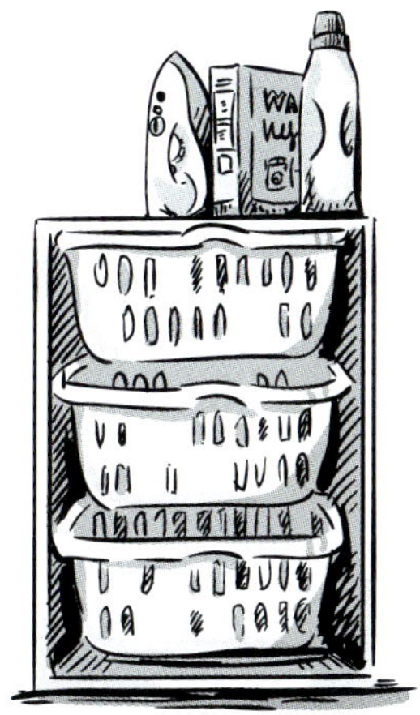

5

ANNEXES

CLASSIFICATION ET ÉTIQUETAGE DES PRODUITS CHIMIQUES

Afin d'harmoniser le système de classification et d'étiquetage international*, depuis le 1er juin 2015, un nouvel étiquetage des produits chimiques est obligatoire pour tous les mélanges (depuis décembre 2010 pour les substances). Toutefois, une dérogation est prévue pour les produits déjà présents sur le marché, aussi, jusqu'en mai 2017, ancien et nouvel étiquetage cohabiteront.

*Règlement européen classification, étiquetage et emballage N° 1272/2008 dit CLP (Classification, Labelling and Packaging),

• **Ça sert à quoi ?** La classification des produits chimiques (substances et mélanges de substances) permet d'identifier les dangers qu'ils peuvent présenter du fait de leurs propriétés physico-chimiques, de leurs effets sur la santé et sur l'environnement.

www.developpement-durable.gouv.fr
www.inrs.fr/risques/classification-etiquetage-produits-chimiques/

ATTENTION : Respectez les préconisations de l'étiquette pour manipuler le produit.

LES DANGERS POUR L'ENVIRONNEMENT

ANCIENNE COLLECTION	NOUVELLE COLLECTION	DANGERS SIGNIFIÉS	MESURES DE PRUDENCE
		**DANGEREUX POUR LA COUCHE D'OZONE :** Le produit détruit la couche d'ozone	Ne pas rejeter dans l'environnement
		**DANGEREUX POUR L'ENVIRONNEMENT AQUATIQUE :** Le produit pollue • Il provoque des effets néfastes (à court et/ou à long terme) sur les organismes du milieu aquatique	Ne pas rejeter dans l'environnement

LES DANGERS PHYSIQUES

ANCIENNE COLLECTION	NOUVELLE COLLECTION	DANGERS SIGNIFIÉS	MESURES DE PRUDENCE
		**EXPLOSIF:** Le produit peut exploser au contact d'une flamme, d'une étincelle, d'électricité statique, sous l'effet de la chaleur, d'un choc ou de frottements	Manipuler et conserver à l'écart des sources de chaleur et autres causes d'étincelles
		**GAZ SOUS PRESSION:** Le produit peut exploser sous l'effet de la chaleur (gaz comprimés, gaz liquéfiés et gaz dissous) • Il peut causer des brûlures ou blessures liées au froid (gaz liquéfiés réfrigérés)	Protéger du rayonnement solaire • Éviter le contact avec la peau pour les liquides réfrigérés
		**INFLAMMABLE:** Le produit peut s'enflammer au contact d'une flamme, d'une étincelle, d'électricité statique, sous l'effet de la chaleur, de frottements, au contact de l'air ou au contact de l'eau en dégageant des gaz inflammables	Manipuler et conserver à l'écart des sources de chaleur et autres causes d'étincelles
		**COMBURANT:** Le produit peut provoquer ou aggraver un incendie • Il peut provoquer une explosion en présence de produits inflammables	Manipuler et conserver à l'écart de la chaleur, des vêtements et autres matières combustibles
		**CORROSIF:** Le produit ronge • Il peut attaquer (ronger) ou détruire les métaux	Manipuler et conserver à l'écart des sources de chaleur et autres causes d'étincelles

LES DANGERS POUR LA SANTÉ

ANCIENNE COLLECTION	NOUVELLE COLLECTION	DANGERS SIGNIFIÉS	MESURES DE PRUDENCE
		**DANGEREUX POUR LA SANTÉ:** Le produit peut empoisonner à forte dose • Il peut irriter la peau, les yeux, les voies respiratoires • Il peut provoquer des allergies cutanées • Il peut provoquer somnolence ou vertige	Éviter tout contact avec le produit
		**TOXIQUE OU MORTEL:** Le produit peut tuer rapidement • Il empoisonne rapidement même à faible dose	Porter un équipement de protection • Éviter tout contact (oral, cutané, par inhalation) avec le produit et laver soigneusement les zones exposées après usage
		**CORROSIF:** Le produit peut provoquer des brûlures de la peau et des lésions aux yeux en cas de contact ou de projection	Éviter tout contact avec les yeux et la peau, ne pas inhaler
		**TRÈS DANGEREUX POUR LA SANTÉ:** • Le produit peut provoquer le cancer • Il peut modifier l'ADN • Il peut nuire à la fertilité ou au fœtus • Il peut altérer le fonctionnement de certains organes • Il peut être mortel en cas d'ingestion et de pénétration dans les voies respiratoires • Il peut provoquer des difficultés respiratoires ou des allergies respiratoires (ex.: asthme)	Porter un équipement de protection • Se procurer les instructions avant utilisation • Éviter tout contact avec le produit et laver soigneusement les zones exposées après usage

UTILE

Les numéros d'urgence

Depuis un mobile

Le 112 : numéro d'appel unique des urgences sur le territoire européen, recommandé aux étrangers circulant en France et aux Français circulant à l'étranger.

Depuis un fixe

Le 18 : sapeurs-pompiers pour tout problème de secours : accident, incendie.

Le 15 : Samu pour tout problème urgent de santé, c'est un secours médicalisé.

Les centres antipoison et de toxicovigilance

Installés dans les centres hospitaliers universitaires, des médecins informent et apportent une aide par téléphone d'urgence suite à une ingestion de produits toxiques, 24h/24h et 7 jours/7 jours.

- Angers : 02 41 48 21 21
- Bordeaux : 05 56 96 40 80
- Lille : 0 800 59 59 59
- Lyon : 04 72 11 69 11
- Marseille : 04 91 75 25 25
- Nancy : 03 83 22 50 50
- Paris : 01 40 05 48 48
- Strasbourg : 03 88 37 37 37
- Toulouse : 05 61 77 74 47

Pour en savoir plus :

www.sante.gouv.fr
www.centres-antipoison.net

À lire :

Prévenir les accidents domestiques, Éditions Massin

INDEX

Produits

Usages

UTILE

Sources

Sources

Ma mère qui, depuis toujours, m'apprend à me servir de tous ces produits.
Mes amies qui ont accepté de partager leurs astuces de grands-mères.
Les Internautes qui partagent leurs astuces et leurs tests.

Associations et organismes

Agence régionale de l'environnement de Haute-Normandie.

Liens

www.arehn.asso.fr
www.cg65.fr
http://nettoyer-une-tache.comprendrechoisir.com
www.ville-equeurdreville.fr
www.monbicarbonate.fr
http://raffa.grandmenage.info
www.inrs.fr
www.developpement-durable.gouv.fr

Remerciements

Merci à Françoise, toujours là pour jouer la première lectrice. À ma mère, la reine des astuces à l'ancienne et une dénicheuse hors pair de bons plans. À ma petite famille.

Crédits des illustrations

fotolia/acnaleksy ; fotolia/Amili ; fotolia/asmakar ; fotolia/canicula ; fotolia/hypnocreative ; fotolia/kamenuka ; fotolia/kytalpa ; fotolia/la_puma ; fotolia/macrovector ; fotolia/magdal3na ; fotolia/Neyro ; fotolia/nikiteev ; fotolia/pim ; fotolia/PrettyVectors ; fotolia/raven ; fotolia/RetroClipArt ; fotlia/tsaplia ; fotolia/victoria_novak ; Sylvain Kaslin.

Direction d'édition: Thierry Lamarre - Édition: Adeline Lobut - Textes: Isabelle Louet
Correction - révision: Isabelle Misery - Coordination éditoriale: Either Studio (Laurie Montaz) -
Conception graphique, couverture et mise en pages: Either Studio -
Éditions Massin - Publiées par Société d'Information et de Créations - SIC - Une société de Marie Claire Album - 10, bd des Frères-Voisin 92792 Issy-les-Moulineaux CEDEX 9 - France
Tél. 01 41 46 88 88 - RCS Nanterre 302 114 509 - SARL au capital de 3 822 000 euros - - ISBN: 978-2-7072-0921-4
N° Éditeur : 38369 - Imprimé par G. Canale & C., Turin, Italie - Dépôt légal: août 2015
Réimpression : mars 2017
www.massin.fr